Bobby Andström

Västkust

Från Torekov till Koster

The Swedish West Coast   Die Schwedische Westküste

Marstrandskrögarna Christer Svantesson och Leif Mannerström visar prov på västerhavets läckerheter.

Marstrand innkeepers Christer Svantesson and Leif Mannerström
with samples of West Coast seafood delicacies.

Die Marstrand-Wirte Christer Svantesson und Leif Mannerström
geben Beweise der Leckereien des Westmeeres.

© Bobby Andström and
Bokförlaget Legenda AB, Stockholm 1990
Photos by the Author and
Pelle Lund, Kamerareportage AB (pages 12-13)
Å. Lindau, IBL AB (pages 17, 21)
Lantmäteriverket (pages 24—25, 70—71, 92)
P. Andersson, IBL AB (pages 26—27)
Map by Roy Bäckbom
English translation by William Plumridge
German translation by Horst Niewiadomski
Produced by Anders Rahm Bokproduktion, Stockholm
Printed in Italy by New Interlitho spa. 1990
ISBN 91-582-1554-9

På försommaren blommar klipporna på Västkusten.

The cliffs of the West Coast blossom early in the summer.

Im Frühling „blühen" die Klippen an der Westküste.

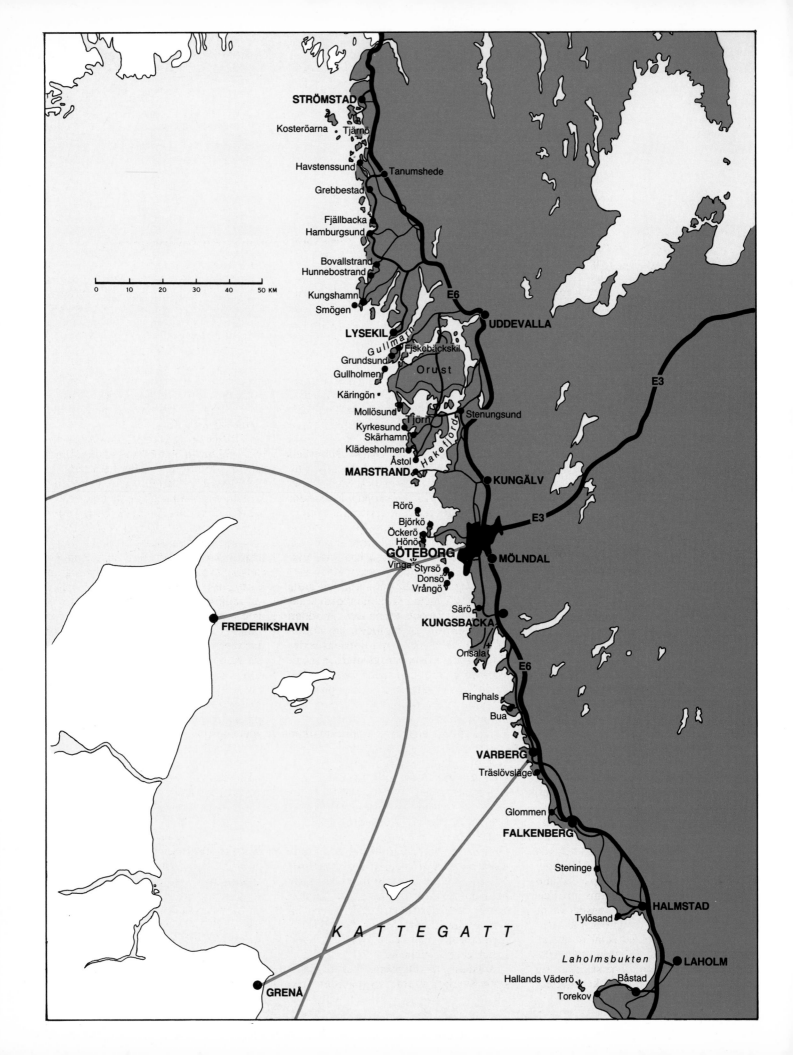

VÄSTKUST

An English version follows on page 14.
Eine deutsche Version beginnt auf Seite 18.

Kustlandskapet från Torekov i nordvästra Skåne till Kosteröarna i norra Bohuslän bildar den del av Sverige som kallas Västkusten och som präglas av närheten till de stora havsviddena Kattegatt och Skagerack. Lokalpatriotiska västsvenskar talar gärna om "Sveriges framsida". Det är heller ingen överdrift att påstå att denna kuststräcka med sin säregna och skiftande natur är ett lika vackert som dramatiskt och inbjudande skyltfönster mot världen.

Vi börjar vår färd längs Västkusten i det idylliska Torekov som domineras av sommarturismen, men som ännu bär spår av fiske- och sjöfartstraditioner. Samhället är beläget längst ut på Bjärehalvön. Rakt västerut ligger Hallands Väderö, fridlyst som naturpark sedan 1958.

Efter en klättring över den mäktiga Hallandsåsen når vi på åsens nordsluttning Båstad, en av kustens förnämsta badorter och känd för sina internationella tennisturneringar. Norrut tar Laholmsbukten vid och här finns Sveriges kanske förnämsta badstränder. Olyckligtvis har åtskilliga av dessa stränder under senare år varit avlysta för bad på grund av vattenföroreningar och förgiftningar som medfört en svårartad bottendöd. Efter omfattande naturvårdande arbete börjar emellertid bukten sakta återhämta sig och livet återvända till havsbottnen.

Hallandskusten söder om Falkenberg består av jämna vida sandstränder som inåt land övergår i mäktiga dynområden. Norrut blir stränderna klipprikare och stenigare, men egentlig skärgård saknas. Inlandet är berg- och skogrikt omväxlande med bördiga slättdalar och vidsträckta ljunghedar. Berömd för sin skönhet är Simlångsdalen. Badlivet sommartid sätter sin prägel på Halland och städerna Laholm, Halmstad, Falkenberg, Varberg och Kungsbacka är omtyckta och välbesökta turistmål.

Från Halland och en smal remsa av Västergötland som når ända ut till kusten når vi Bohuslän, som sträcker sig från Göteborg upp till norska gränsen.

Under medeltiden hörde landskapet till Norge och kallades då Viken och delades i en nordlig del, Ranrikesyssel och en sydlig, Älvsyssel. Med sina tretusen öar och skär är det Sveriges mest utpräglade havs- och skärgårdslandskap. Mellan havet och jordbruksområdet finns berg och klippor som ger kusten dess säregna utseende. Denna barriär av urtidsklippor, slipade och formade av havet, sönderdelas av djupa fjordar, som varit och fortfarande är viktiga vägar för sjöfart och samfärdsel. De mest betydelsefulla är Hakefjorden, Gullmarsfjorden och Idefjorden.

Vid Nötesund på Orust, Bohusläns största ö, tar man sig med färja över till Bokenäset. Bokenäset och Stångenäset omsluter Gullmarsfjorden, Bohusläns största fjord och den enda som egentligen gör skäl för att kallas fjord — en vik med bottentröskel vid mynningen och där innanför en djupare bassäng. Vattendjupet är vid mynningen 45 meter och innanför når det på sina ställen ända ner till 125 meter. Gullmarsfjorden har en unik flora och fauna och är sedan länge centrum för biologisk havsforskning. I Fiskebäckskil, på fjordens södra sida, ligger Kristinebergs marinbiologiska station, grundad redan 1877 och en av de äldsta i världen. I Lysekil på norra sidan ligger Fiskeristyrelsens havsfiskelaboratorium.

Det finns åtskilliga minnesmärken från gångna tider i Bohuslän — dösen och gånggrifter, rösen och hällkistor. Den imponerande och fantasieggande skeppssättningen vid Blomsholm, Sveriges näst största efter Ales stenar i Kåseberga i Skåne, är från 500-talet. I trakten av Tanum och på många andra håll finns ett rikt antal hällristningar från bronsålder och tidig järnålder. De är sevärdheter av rang och bland de märkligaste är ristningarna vid Aspeberget, Emilieborg och Vitlycke. Här skildras vardagens plöjning och stridens larm och här ges goda inblickar i våra förfäders rituella och ceremoniella liv.

Västkustens viktigaste stad är Göteborg, Sveriges andra stad med mer än en halv miljon invånare. Vid Göta älvs mynning har det funnits flera föregångare, bland annat Lödöse i äldre medeltid. Nya Lödöse grundades vid Säveåns mynning på 1470-talet och avlöstes i nästa århundrade av Älvsborgs stad. 1603 planerades här en stad av Karl IX. Under Kalmarkriget 1611—1613 förstördes stadsbildningen och området togs av danskarna. Efter Älvsborgs lösen 1619 lät Gustav II Adolf anlägga Göteborg på dess nuvarande plats och 1621 räknas som västkustmetropolens grundläggningsår.

Göteborg är i dag ledande export- och importhamn med månghundraåriga sjöfartstraditioner. Här ankrade på 1700-talet Ostindiska kompaniets segelfartyg som seglade ut med trä och järn till Kanton i Kina och förde hem te, porslin, tyger, kryddor och andra exotiska varor. Den stora expansionen för staden kommer på 1860-talet. Från Göteborg avseglade till Amerika emigrantfartygen under 1800-talet med mer än en miljon människor. Före trafikflygets genombrott var Göteborg den naturliga hamnen för alla Amerikalinjens stora passagerarfartyg, här lastade och lossade många rederiers fraktbåtar. I dag är Göteborg de stora containerfartygens hamn. Från västkusten skeppas Sveriges exportgods ut i världen. Från Wallhamn på Tjörn körs Volvobilar ombord på specialfartyg tillhöriga det svenska rederiet Wallenius Lines för leverans till köpare i England, Frankrike och länder på andra sidan de stora haven. Omfattande färjetrafik knyter västkusten till Danmark och Västtyskland och England.

När man närmar sig det bohuslänska landskapet för första gången överväldigas man av dess storslagna och dramatiska skönhet. Det är en karg och kärv sida landskapet visar upp mot havet, men bara ett stycke från de branta strändernas skyddande klippor finns ett bördigt jordbrukslandskap med gröna blommande dalgångar. I höjd med Gullmaren som skär rakt in i landskapet skiftar landet i färg — i söder får allt en blå nyans, norr därom dominerar en rosa ton. Det beror på berggrundens sammansättning — i söder mörk och splittrad gnejs, norr därom nästan uteslutande röd granit.

I början av seklet besökte Sveriges dåvarande kung, Oscar II, årligen Marstrand under sommaren. Det ledde till att också andra sökte sig hit och badortslivet blommade som aldrig förr — och så är det än i dag. Sommartid invaderas bokstavligen kusten av semestrande svenskar, men också seglande norrmän, danskar och tyskar har här hittat sitt sommarparadis. I populära hamnar, till exempel Marstrand och Smögen, är det stor trängsel under sommarmånaderna vid bryggor och tilläggsplatser. Sommarbohuslän är ett sannskyldigt eldorado för seglare, sportfiskare och badgäster.

Men sedan kung Oscars glada dagar i Marstrand har mycket förändrats. Bohuslän har upplevt många tvära konjunkturkast. När sillen gick till blomstrade fiskelägen och hamnar och befolkningen fick goda inkomster. När fångsterna svek blev det under flera magra år svår nöd i många hem. Men när havets silver återkom fylldes hamnarna av fartyg från alla världens hörn, och den feta sillen fångad på Västkusten blev en delikates på många håll i Europa. I våra dagar har situationen för många tidigare blomstrande näringsgrenar, till exempel varvsindustrin, totalt förändrats. Gamla välmående samhällen har tynat bort i brist på arbeten och befolkningen flyttat till fastlandet eller sökt sig till storstäderna. Det stora varvet i Uddevalla har tvingats att lägga ner. Samhällen som förr sjöd av liv och rörelse är nu närmast övergivna under stora delar av året. Men ändå är intresset för de gamla fiskelägena med sina tätt liggande hus mycket stort. Spekulanter och sommargäster köper allt som bjuds ut till försäljning. Man räknar med att fram till sekelskiftet kunna sälja mer än 100 000 hus till fritidsboende. Det gör att skärgården nu upplever en köprusch på fastigheter som drivit upp priserna mycket kraftigt, priserna är i det närmaste lika höga här som i attraktiva storstadsområden.

Men här finns också samhällen som trots turismen upplever tillbakagång. Exempel på ett sådant är Mollösund, som länge varit känt för omfattande fiskförädling. Här landades stora mängder spillånga som spilades på torkgaljar och förvandlades till lutfisk. Nu ersätts torkningen ute i det fria av frystorkning och de gamla pittoreska torkställningarna rasar för att troligen aldrig resas igen. Om några få år är anläggningarna med soltorkande spillånga, så typiska för Bo-

huslän, borta för alltid.

Västkusten har många ansikten. En solig sommardag med lätt bris och glittrande vatten har föga gemensamt med höstens och vinterns dagar med storm och isande temperaturer. Den hårda vinden kan ligga på i veckor och de ännu bofasta kurar ihop sig i sina tätt liggande hus. Väldiga vågor hugger på kusten och piskar vattnet till skum som slungas högt upp på land i stora våta bollar. Det är en ogästvänlig och föga inbjudande årstid. Men de sällsynta vinterdagar med klar himmel och isar som bär, kanske ända ut till Väderöarna, ger en oförliknelig upplevelse. Men så kalla vintrar är ovanliga, Västkusten har maritimt klimat och kan glädja sig åt Sveriges behagligaste temperaturer — åtminstone statistiskt sett. Årsmedeltemperaturen ligger i Göteborg på plus 7,6 grader och sommaren börjar enligt väderleksstatistiken den 13 maj. Motsvarande notering för till exempel Stockholm är 24 maj. Ser man på medelnederbörden har Göteborg en av Sveriges högsta: 670 mm per år. Det kan betyda många regndagar för soltörstande turister. Bättre ställt är det högre upp på kusten. I norra Bohuslän är klimatet torrare och säkrare för behagligt sommarliv.

Även om åtskilligt på denna vackra kust ännu är orört och ursprungligt så bryter den nya tiden fram. Mäktiga broar slår sina spann över vikar och sund. Där man förut rodde eller seglade för att komma från och till öarna går nu stora färjor som sväljer hundratals bilar. Snabba skärgårdsbåtar gör täta turer mellan öarna. Det har blivit möjligt att bo permanent i skärgården och pendla till tätorterna på fastlandet och fastlandsborna i sin tur har lätt att komma ut till de hägrande fritidsområdena i skärgården.

Men allt detta innebär också förslitning och nedskräpning av känsliga områden. Spåren efter den moderna oljehanteringen förskräcker, gång efter annan vräks svart och klibbig tjockolja över skär och klippor med svåra tragedier i fågelkolonierna som följd. Växter och djur får skador som det tar många år för naturen att reparera, detta trots att oljesanerarna på kusten gör en enastående hängiven insats.

Den stora säldöden våren och sommaren 1988 blev en chock för många. I tusental drev döda djur iland som en påminnelse om ett sjukt hav. Likaså slog giftalger ut mussel- och fiskodlingarna med också ekonomiska skador som följd. På sina håll längs Västkusten är havsbottnarna nästan helt döda. Fisket,

som förut gav arbete åt tusentals människor, har minskat i omfattning så att många tvingats söka sig till andra yrken. Till stor del skylls tillståndet i havet på de gifter som kommer från jordbruket, industrin och trafiken. Skall havet kunna räddas måste åtgärder sättas in snabbt och stora ansträngningar görs också för att minska de utsläpp som förorsakar övergödning, förgiftning och död. Vid de vetenskapliga forskningsstationerna vid Gullmarsfjorden och Kosterfjorden följer man noga situationen. Särskilt glädjande är att den nya generationen på Västkusten har insett farorna och på olika sätt försöker åstadkomma en förändring.

Det finns emellertid sår i landskapsbilden som aldrig kan läkas. Stenindustrin, som vid sidan av fisket varit den verksamhet som haft störst betydelse för invånarna i Bohuslän, har gått mycket hårt åt landskapet. Men den stenbrytning som bedrivs i dag är dessbättre, i varje fall från miljösynpunkt, obetydlig.

Att en solig försommardag embarkera en av Styrsöbolagets vita båtar vid Saltholm nära Långedrag är en upplevelse. Stojande skolbarn har fått ledigt för att göra utflykt till Vrångö, en i ett radband av öar som skyddar kusten. Jag följer med ut och njuter av värmen i solskenet. I farleden seglar en ensam segelbåt med kursen mot söder. På en klippa ser jag en säl som vilar i solgasset. Iakttagelsen fyller mig med glädje, det finns fortfarande sälar i havet. Vitfågel följer vår båt och spanar efter föda. Några utflyktssmörgåsar kastas ut över relingen och blixtsnabbt dyker flocken av måsar. Vi lägger till vid Styrsö och Donsö, några rullvagnar livsmedel lossas och båten stävar vidare. En lotsbåt passerar på styrbordssidan, en stor modern fisketrålare går in mot Göteborg. Strax efter ankomsten till Vrångö glider flottans skolskepp *Gladan* norrut under fyllda segel. Det är en imponerande syn och en hälsning från en svunnen sjöfartsperiod då segelfartygen ännu rådde över haven. På avstånd kan jag höra näktergalen från de täta snåren på ön. Jag vandrar över till fiskehamnen på västsidan och beundrar den lilla träbåtsflotta som ligger vid den yttre piren. Fernissan blänker som glas på de sjösäkra båtarna, klinkbyggda och trubbiga, anpassade för västerhavets vågor.

I en välskött trädgård samtalar jag med en av öborna, sjöbefaren en mansålder på Svenska Amerikalinjens fartyg. Nu har han gått iland för gott på Vrångö.

— Livet är enkelt här på ön, berättar han. Det moderna livets många avigsidor har inte nått hitut. Ta till exempel brottsligheten, ett nästan okänt begrepp på Vrångö. Det enda i den vägen som har hänt som jag kan påminna mig är en stöld av en skeppsklocka som hängde på en stugvägg. En klåfingrig typ tog den med sig och stack till stan med turbåten. Men på Saltholm väntade polisen och nu hänger klockan på sin plats igen.

Runt klipporna blommar fetknopp, styvmorsvioler och trift, den senare känd på Västkusten som strandgossar. Samma syn kan man se överallt på öarna, där blommorna bildar små mattor i bergsskrevorna. Floran uppvisar även många sällsynta arter, som till exempel idegran, liguster och bohuslind. Men den blomma som sätter sin prägel på det bohuslänska landskapet är tveklöst vildkaprifolen. Dess balsamiska doft, som kan förnimmas i stråk över bergen under sommarkvällarna, kan i sig sammanfatta hela landskapets vidunderliga skönhet.

Fågellivet är mycket rikt. Ejdrar i flock lättar från vikarnas vattenspeglar för att landa några stenkast bort. Strandskatorna flyger nervöst omkring nära sina reden och gör allt för att jaga bort den som tränger in på deras domäner. De gör skenanfall och ger ifrån sig sina gälla varningsläten: kom inte hit, kom inte hit ...

Jag drar mig tillbaka och det krasar under fötterna när jag går över drivorna av snäckskal på stranden. I vattenbrynet förundras jag över den svarta rand som pryder stenar och klippor. Vid första anblicken förefaller det att vara spår efter ilandfluten olja. Men det visar sig vara den saltlav som frodas i det kala bältet mellan land och hav. Ute på havet drar ett pärlband av segelbåtar förbi. De håller alla samma kurs, antagligen en tidig familjeeskader eller långseglare på vårtur.

Mitt första möte med bohuslänska vatten gjorde jag en sommar via Nordre älv, den norra grenen av Göta älv som slingrar sig ut mot havet förbi Kungälv med den mäktiga Bohus fästning. Efter några dagar på Göta kanal mötte vi den friska vinden på vattnen söder om Marstrand, Nordens äldsta stad, troligen grundad på 1200-talet. Carlstens fästning högst upp på ön gav bra märke, och det var spännande att tränga in i den prickade leden och stenlabyrinten som på sina ställen gör leden så smal att man tyckte sig kunna nå bergsidorna med fingertopparna.

I Marstrands trygga hamn blev vi omedelbart uppslukade av högsommarens seglarkollektiv. Förtöjer man intill kajen vaknar man nästa morgon inlåst av

tio, tolv kanske femton rader båtar som ligger utanför. I denna värld får man inte ha bråttom, man är frivilligt fånge i seglarparadiset, och det kommer ständigt nya båtar, många med norsk flagga i aktern. Men även båtar med mer exotiska nationalitetstecken brukar lägga till. Då vi låg där ankrade en jättelik segelbåt från Nya Zeeland ute på redden. Den var så stor att den behövde lots när det var dags att lätta ankar och segla norrut.

Vi njöt av västerhavets läckerheter på en restaurang i hamnen. Bergtungan hade smak av hummer, räkorna var härligt färska, musslorna gav gommen den friska touchen av salthav. Efteråt tog vi en promenad till det slottsliknande Societetshuset där kung Oscar II höll hov sommartid. Från Carlstens fästning har man en hänförande utsikt över havet. På norra sidan kan man se Volvochefen Pehr Gyllenhammars sommarnöje, en gråvit före detta fyrvilla som ligger ensligt på den karga bergsstranden. Ett makalöst hus, har han själv berättat. Inte ens när vinden ger stormstyrka känns huset ogästvänligt eller dragigt. Och det är alldeles tyst, inget knak och gnissel när stormbyarna sätter an. Det var duktigt folk som visste hur man bygger i skärgården som en gång uppförde det gamla fyrhuset.

Norr om Marstrand finns åtskilliga platser värda att besöka: ön Åstol med sin för de bohuslänska fiskelägena typiska bebyggelse, Skärhamn med moderna hamnanläggningar, Kyrkesund, Käringön och Gullholmen. Käringön är en kal klippö ute i havsbandet. Här finns en träkyrka från slutet av sjuttonhundratalet, från vars predikstol den legendariske prelaten Simson höll sin församling i Herrans tukt och förmaning.

Längre norrut ligger Smögen och Kungshamn, viktiga platser för fisket, Hunnebostrand, en gång centralort för stenindustrin, Hamburgsund och Fjällbacka. Fjällbacka, vackert beläget under det mäktiga Veddeberget, har under senare år kommit att framstå som norra Bohusläns viktigaste hamn för fritidsseglarna. Längst i norr det lilla Strömstad med den utanförliggande Kosterarkipelagen.

Havet ger rika möjligheter till sportfiske — torsk, vitling, lyrtorsk, rödspätta, sandskädda, ulk, makrill, hälleflundra, småhaj, pigghaj kan fastna på kroken. I västerhavet lever cirka 1 500 arter, att jämföra med Östersjöns cirka 300. Redan på 1700-talet konstaterade Carl von Linné att "naturalier gåfwos här i Wästerhafvet så månge sällsynte, obekante åtminstone för oss här i Sverige som bo

ifrån detta hafwet långt skilde att wi däröfwer blewo satte i största förundran".

Jag tror inte att jag någonsin kan bli trött på Västkusten, dess rikedomar är så mångskiftande, dess natur så växande att man ständigt upplever något nytt. De vidsträckta sandstränderna vid Tylösand, badvikarna på Getterön utanför Varberg, Göteborg med sin friska skärgård — olika karaktär, men det är västkust. Eller månen över den mäktiga bergskammen vid Fjällbacka, marelden i augusti i Kosterfjorden, en solnedgång i bleke en sommarnatt på Hamburgöns västsida — det är *Västkusten*.

Varje vår när drömmen om kommande sommaräventyr är som starkast dyker minnen upp, detaljer och fragment från tidigare färder längs kusten. Då får jag ofta i tankarna en strof ur skalden och västkustälskaren Evert Taubes ballad "Inbjudan till Bohuslän". Evert Taube var bohuspojke, född i ett förnämt hus i Göteborg och uppväxt på Vinga. Han har som ingen annan i ord kunnat fånga Bohusläns själ:

Kom till stränderna, de ödsligt sköna
med slån och hagtorn, böjda djupt av storm,
med gamla båtvrak som har multnat gröna
men än, i brustna skrov, bär vågens form!
Där, mellan hav och land, på sand som skrider,
på tång som gungar, kan du ensam gå,
och leva i de längst förflydda tider,
och ditt släktes framtid likaså.

Vinga vid inloppet till Göteborg är Västkustens mest kända fyrplats, mångbesjunget och omtyckt utflykts-mål för göteborgarna. Fyrtornet är byggt i grå granit. På Vinga växte na-tionalskalden Evert Taube upp.

Vinga at the entrance to Gothenburg is the West Coast's best-known lighthouse; celebrated in song and verse, it is a popular goal for Gothenburg excursio-nists. The lighthouse is built of grey granite. Evert Taube, the famous Swedish poet, grew up on Vinga.

Vinga — an der Einfahrt nach Göteborg — ist der bekannteste Leuchtturm an der Westküste; ein vielbesungenes und be-liebtes Ausflugsziel der Göteborger. Der Leuchtturm besteht aus grauem Granit. Auf Vinga ist der Nationaldichter Ewert Taube aufgewachsen.

THE SWEDISH WEST COAST

The stretch of coast running from Torekov in north-west Scania to the Koster islands in northern Bohuslän forms the part of Sweden which is known as the West Coast, and it owes its character to its proximity to the wide reaches of Kattegatt and Skagerack. Local enthusiasts living in western Sweden like to refer to it as the front of Sweden. And it is no exaggeration to claim that this stretch of the coast with its unique and varying natural scenery is a display window to the world which is as beautiful as it is dramatic and enticing. We start our journey along the West Coast at the idyllic little town of Torekov which, although dominated by the summer tourist trade, still bears traces of the days when it was a fishing and sea-trading centre. The town is situated on the furthest tip of the Bjäre peninsula. Hallands Väderö, a protected natural park since 1958, lies due west.

After clambering over to the north slope of the imposing Hallandsåsen we reach Båstad, one of the coast's most exclusive seaside resorts and known for the international tennis tournament held there. The bay of Laholmsbukten comes next and it is here that we find perhaps the finest bathing-beaches in Sweden. Unfortunately several of these beaches have been put off bounds to swimmers in recent years because of water pollution and toxic emissions which have killed off most of the life on the sea-bed. However, following extensive nature conservation work the water in the bay is slowly recovering and life is returning to the sea-bed.

The coast of Halland south of Falkenberg consists of flat, wide sandy beaches which further inland become impressive tracts of sand dunes. To the north the beaches are rockier and stonier but there is no real archipelago. The inland region is very hilly and heavily forested and alternates with fertile plains and extensive heatherclad moors. The valley of Simlångsdalen is noted for its beauty. In summer bathers are a feature of Halland, and the towns of Laholm, Halmstad, Falkenberg, Varberg and Kungsbacka are popular resorts which attract hordes of tourists.

Proceeding from Halland via a narrow strip of Västergötland which runs right out to the coast we reach the province of Bohuslän, which stretches from Gothenburg to the Norwegian border. This part of the country belonged to Norway in the Middle Ages and was then known as Viken; it was divided into a northern region called Ranrikesyssel and a southern called Älvsyssel. With its three thousand islands and skerries it is Sweden's most distinctive coastal and archipelago landscape. Between the sea and the farming land there are hills and rocks which give the coast its characteristic appearance. This barrier of age-old rocks, shaped and smoothed by the sea, is intersected by deep fiords, which are still today important shipping and communication routes. The most important are Hakefjorden, Gullmarsfjorden and Idefjorden.

From Nötesund on Orust, which is the biggest island in Bohuslän, one takes the ferry over to Bokenäset. Bokenäset and Stångenäset surround Gullmarsfjorden, Bohuslän's biggest fiord and the only one which really deserves to be called a fiord, namely an inlet with a submerged ledge at its entrance and a deeper basin within. The depth of the water at the entrance is 45 metres, while in the inner basin it can in places drop to as much as 125 metres. Gullmarsfjorden has a unique flora and fauna and has long been a biological marine research centre. The Kristineberg Marine Biology Station, founded in 1877 and one of the oldest in the world, is situated at Fiskebäckskil on the south side of the fiord. At Lysekil on the north side there is the Marine Fisheries Laboratory run by the National Board of Fisheries.

There are numerous monuments from bygone days in Bohuslän including cromlechs, burial mounds, cists and boundary stones. The impressive and intriguing barrow at Blomsholm is from the 5th century and in size is second only to Ales Stenar at Kåseberga in Scania. Not far from Tanum and in many other places there are numerous rock-carvings dating from the Bronze Age and early Iron Age. They are sights of the first order and some of the most remarkable are the carvings at Aspeberget, Emilieborg and Vitlycke. They depict mundane occupations such as ploughing as well as the cut-and-thrust of battle and afford an excellent insight into the ritual and ceremonial lives of our forefathers.

The most important city on the West Coast is Gothenburg, Sweden's second largest city with a population of more than half a million. The city at the mouth of the Göta river has had several forerunners, including Lödöse in the late Middle Ages. Nya Lödöse was built at the mouth of Säveån in the 1470s and was succeeded by the town of Älvsborg in the following century. A new town was planned here by King Charles IX in 1603. The emerging town was destroyed during the Kalmar War 1611—1613 and the area was seized by the Danes. Following the recovery of Älvsborg in 1619 King Gustav II Adolf ordered the founding of Gothenburg on its present site, and 1621 is regarded as the year in which this West Coast metropolis was founded.

Gothenburg is today the leading port for the mercantile shipping trade with seafaring traditions going back several hundred years. It was from here that the East Indiamen left with cargoes of timber and iron to trade for tea, chinaware, textiles, spices and other exotic goods in the Chinese port Canton. Gothenburg developed rapidly in the 1860s, and the port saw the departure of more than a million emigrants to America in the 19th century. Prior to the breakthrough of air travel Gothenburg was the natural embarkation port for all travellers leaving for America. It was here that the big liners of the Swedish America Line had their terminal, and here that many cargo lines loaded and unloaded their vessels. Today Gothenburg is the port for the big container ships, and Swedish exports to the world markets leave from the West Coast. From Wallham on the island of Tjörn Volvo cars and lorries are driven aboard purpose-built ships belonging to Wallenius Lines for delivery to customers in England, France and countries across the seas. A busy ferry service links the West Coast with Denmark, West Germany and England.

When one approaches Bohuslän for the first time one is overwhelmed by the magnificent and dramatic beauty of the scenery. Towards the sea it is barren and rugged, but only a short distance from the protective steep cliffs of the coast there are flourishing green valleys and fertile farming country. On a level with Lake Gullmaren, which cuts right into the landscape, the land changes colour; to the south everything is tinged with blue, while to the north a pink hue dominates. This is because of the composition of the bedrock — dark splintered gneiss to the south and almost exclusively red granite to the north.

At the beginning of the century King Oscar II of Sweden paid an annual summer visit to the island of Marstrand. This led to other people finding their way there and the resort flourished as never before; and it is still the same today. In the summer season the coast is literally invaded not only by Swedish holidaymakers, but also by the Norweigan, Danish and German yachtsmen who have found their summer paradise. In popular harbours such as Marstrand and Smögen, overcrowding at jetties and mooring places is severe during the summer months. Bohuslän in the summer is a veritable eldorado for sailors, anglers and bathers.

But much has changed since Oscar II's carefree days in Marstrand. Bohuslän has experienced many sharp changes in trading and working conditions. When herring was plentiful the fishing-villages thrived and the ports and local inhabitants earned good incomes. When the catches failed there were lean years in many homes. But when the sea once more yielded big catches of its silver bounty the ports were crammed with ships from all parts of the world, and plump herring caught off the West Coast found favour as a delicacy in many parts of Europe. In our own times the situation for many formerly prosperous industries, such as the shipbuilding industry, has changed completely. Thriving old communities have gradually declined through lack of work, and the inhabitants have either moved to the mainland or made their way to the big cities. The big shipyard at Uddevalla had to close down, and the community which previously hummed with life and activity is now practically deserted for most of the year. But people are showing a lot of interest in the old fishing-villages with their closely built houses. Speculators and summer visitors snap up anything and everything that is up for sale. It is thought that more than 100,000 houses will be sold to temporary residents in the next decade. This has resulted in the archipelago experiencing a boom in real estate business which in turn has led to such a strong rise in prices that they are virtually as high as those in attractive urban areas.

But there are also communities that are in decline despite tourism. One of these is Mollösund, which for many years has been known for its well developed fish processing industry. It was here that vast catches of the cod-like stockfish were landed, fixed to drying frames and converted into a very special kind of fish for the Christmas table. Nowadays the fish is freeze-dried instead of being cured in the open air, and the picturesque old drying racks are toppling over one by one and will presumably never be erected again. In a few years' time the equipment used for sun-drying stockfish, so typical of Bohuslän, will have disappeared for good.

The West Coast has many faces. A sunny summer day with a mild breeze and shimmering water has little in common with the storms and freezing temperatures of autumn and winter. High winds can thrash the coast for weeks on end while the local inhabitants huddle in their close-set houses. Enormous waves slash the coast and whip the water into foam which is thrown far inland in great wet chunks. In truth an inhospitable and not very attractive time of year. But those rare winter days when the sky is clear and ice runs sheer out to Väderöarna are a matchless experience. Such cold winters are unusual, however, and the West Coast is fortunate in having the mildest weather in Sweden — at least statistically. The annual mean temperature in Gothenburg is +7.6° C and according to the weather statistics 13 May marks the first day of summer. In Stockholm, by comparison, summer starts 11 days later. Gothenburg has a mean precipitation of 670 mm a year, one of the highest in Sweden. This can mean a lot of rainy days for sun-seeking tourists, but conditions are better further up the coast. Bohuslän enjoys a drier climate and more reliable summer weather.

Even though much of this beautiful coast remains untouched and pristine the modern era is nibbling at it. Great bridges send their spans soaring across bays and channels, and where people used to row or sail between the islands there are now big ferries carrying hundreds of cars. Fast archipelago boats make frequent trips between the islands. It is now possible to live in the archipelago the year round and commute to the mainland towns, and in the same way mainland dwellers find it easy to get out to the alluring recreational areas in the archipelago.

But all this activity involves wear and tear and the polluting of a sensitive region. The consequences of modern oil handling are alarming, and time after time sticky black crude oil is washed up on islands and rocks with tragic results for bird life. Plants and animals sustain injuries which it takes nature years to heal, despite the efforts of remarkably devoted oil dispersal workers.

The catastrophe which befell the seals in the spring and summer of 1988 shocked many people, as thousands of the dead animals were washed ashore bearing mute testimony to an ailing sea. Similarly, poisonous algae destroyed mussel and fish breeding farms, which in turn resulted in financial setbacks. In some places the sea-bed off the West Coast is practically devoid of life. Fishing, which previously gave thousands of people their livelihood, has fallen off to such an extent that many people have been forced to seek other occupations. The poor condition of the sea can to a great extent be blamed on the toxic substances which come from agriculture, industry and traffic. If the sea is to be saved, steps must be taken quickly to reduce the emissions which cause excessive fertilization, poisoning and death. The situation is being carefully monitored at the scientific research stations at Gullmarsfjorden and Kosterfjorden. It is particularly heartening to see that the young generation of people on the West Coast have recognised the dangers and are trying in various ways to bring about a change.

But the countryside has scars which can never heal. The quarrying and stone processing industry, which together with fishing used to be vitally important to the people of Bohuslän, severely disfigured the landscape. The quarrying and dressing done there today is fortunately, at least as far as the environment is concerned, negligible.

It is quite an experience to board one of Styrsö Co's white boats at Saltholm near Långedrag on a sunny morning in the summer. Boisterous schoolchildren have got the day off for an outing to Vrångö, one in a chain of islands protecting the coast. I join them and enjoy the warm sunshine. In the channel a solitary yacht is set on a southerly course. A seal basks in the sun on a rock. The sight makes me happy, as it shows that there are still some seals in the sea. White birds follow our boat on the lookout for food. Some picnic sandwiches are tossed over the rail and are immediately pounced on by a flock of gulls. We put into Styrsö and Donsö, a few carts of food are unloaded and the boat proceeds on its way. A pilot boat passes to starboard and a big modern fishing trawler sails towards Gothenburg. Shortly after we arrive at Vrångö the naval training vessel "Gladan" glides northwards with taut sails. It is an impressive sight and a greeting from a past age when sailing vessels were still lords of the sea. In the distance I can hear a nightingale singing in a thicket somewhere on the island. I stroll over to the fish harbour on the west side of the island and admire the little fleet of wooden boats tied up at the outer pier. The varnish shines like glass on these seaworthy boats; clinker-built and blunt-ended they are perfectly suited to the waves of the North Atlantic.

I chat with one of the local inhabitants in his well-tended garden. He spent most of his life working on ships in the Swedish-America Line fleet but has now gone ashore for good on Vrångö.

He tells me that life on the island is uncomplicated and that the disadvantages of modern life have not yet reached it. "Crime, for instance, is practically unknown here on Vrångö. The only thing of that kind I can recall happening is the theft of a ship's bell from the wall of the cottage. A sticky-fingered type made off with it and took the boat to town. But the police were waiting for him at Saltholmen and the bell is now back in its proper place again".

Stonecrop, wild pansies and *Armeris maritim*, the latter better known on the West Coast as "beach-boys", are flowering between the rocks. The same sight meets you all over the island, where the flowers grow in small carpet-like patches in the rock crevices. The flora displays many rare species, such as yew, privet and the broad-leaved lime, but the flower that characterizes the Bohus landscape is undoubtedly the woodbine. Its balsamic fragrance, which wafts across the hills on the summer evening air, is in itself able to express the extraordinary beauty of the entire landscape.

The island's bird life is very rich. Flocks of eider ducks take off from the mirror-like surface of the bay and land a short distance away. Oyster-catchers fly fussily near their nests doing all they can to chase off the intruder on their preserves. They make mock attacks and sound their strident warning cry: Keep away . . . Keep away . . .

I leave them in peace, my footsteps crunching on piles of sea shells as I make my way across the beach. Standing at the water's edge, I wonder at the decorative black band on the stones and rocks. At first glance it seems to be the remains of oil that has floated inland, but it turns out to be the brine lichen that thrives in a narrow band on the water-line. A string of yachts passes by out at sea. They are all on the same course; presumably a group of keen families or long-distance sailors on a spring cruise.

I first made the acquaintance of the waters round the coast of Bohuslän one summer by way of the Nordre river, the northern branch of the Göta river which meanders down to the sea past Kungälv with its imposing Bohus Fort. After a few days on the Göta Canal we met the fresh winds in the waters south of Marstrand, the oldest town in Scandinavia and probably dating from the 12th century. Carlsten Fort on the island's highest point was an excellent landmark, and it was thrilling to make our way deeper into the marked channel and the rocky labyrinth which in places made the passage so narrow that it seemed as though the cliff sides were only an arm's length away.

Once in the safe harbour of Marstrand, we were immediately caught up in the mid-summer sailing community. If you tie up at the jetty, you wake up the following morning jammed in by a row of boats ten, twelve, perhaps even fifteen deep. There is no point in being in a hurry here; one is a voluntary captive in a sailor's paradise. And more boats are coming in all the time, many of them flying the Norwegian flag. But boats flying more exotic national flags are also to be seen here. During our stopover an enormous yacht from New Zealand was lying at anchor in the roads. It was so large, it needed to be piloted when the time came to weigh anchor and sail north.

We enjoyed delicacies from the North Atlantic in a harbour restaurant. The sole tasted of lobster, the prawns were wonderfully fresh, and the mussels imparted just the right tang of the sea to the palate. Afterwards we took a walk to the fashionable "Society House" where King Oscar II held court in the summer season. There is an incomparable view of the sea from Carlstens Fort. On the north side of the island one can see the greyish house in which Per G Gyllenhammar, the chief executive officer of Volvo, spends part of the summer. It stands alone on the barren rock and was formerly used by the lighthouse keeper. The present tenant thinks it is a matchless place, and says it is warm and draught-free even at the height of a storm. And it is perfectly quiet; no creaking and groaning when it is buffetted by heavy squalls. The old lighthouse keeper's house was built by skilled workmen who knew exactly how to build in the archipelago.

There are several places worth visiting north of Marstrand, including the island of Åstol, with buildings which are so typical of fishing-villages in Bohuslän; Skärhamn, with its modern harbour facilities; Kyrkesund; Käringön and Gullholmen. Käringön is a barren rocky island on the seaward skerries. There is a wooden church there dating from the end of the 18th century from whose pulpit a legendary priest named Simson preached the fear of God to his parishioners.

Further north there are Smögen and Kungshamn, important fishing centres, Hunnebostrand, once the centre of the stone quarrying and dressing industry, Hamburgsund and Fjällbacka. Fjällbacka, beautifully located under the imposing Veddeberget, has in recent years emerged as the most important yacht harbour in north Bohuslän. Farthest north is little Strömstad adjacent to the Koster archipelago.

There are plenty of fish in the sea for anglers — cod, whiting, pollack, plaice, dab, bull rout, mackerel, halibut, small shark and spiny dogfish can all end up on their hooks. There are around 1,500 species in the North Atlantic, compared with about 300 in the Baltic. As early as the 18th century Carl von Linné exclaimed: "the North Atlantic offers so many rare specimens, unknown at least to those Swedes who live far from this sea, that we were greatly astonished by it".

I don't think any one can ever tire of the West Coast; its riches are so diverse, its landscape so varied that one is constantly discovering something new. The extensive sand beaches at Tylösand, the bathing coves on Getterön outside Varberg, Gothenburg with its exhilerating archipelago — they are all different, but that's the West Coast. Or the moon over the impressive mountain-crest at Fjällbacka, the fluorescent water in August at Kosterfjorden, or a summer sunset on the west side of Hamburgön — that's the *West Coast*.

DIE SCHWEDISCHE WESTKÜSTE

Die Küstenlandschaft von Torekov im nordwestlichen Schonen bis zu den Kosterinseln im nördlichen Bohuslän, bildet den Teil Schwedens, der Westküste gennant wird. Er wird von der Nähe zu den großen Meeresweiten Kattegatt und Skagerack geprägt. Lokalpatriotische Westschweden sprechen gern von der „Vorderseite Schwedens". Es ist auch nicht übertrieben zu behaupten, daß diese Küstenstrecke mit ihrer eigenartigen und wechselnden Natur, ein schönes und dramatisches Schaufenster in die Welt hinaus ist.

Wir beginnen unsere Fahrt an der Westküste im idyllischen Torekov, das von den Sommertouristen dominiert wird, aber das noch Spuren von Fischerei- und Schiffahrtstraditionen trägt. Der Ort liegt weit draußen auf der Bjäre-Halbinsel. Gerade westlich davon liegt Hallands-Väderö, seit 1958 Naturschutzpark.

Nach einer Klettertour erreichen wir den mächtigen Bergrücken Hallandsås mit dem Ort Båstad an seinem nördlichen Hang. Es ist einer der vornehmsten Badeorte der Küste und bekannt durch die internationalen Tennisturniere. Nördlich davon schließt sich die Laholms-Bucht an, und hier gibt es die vielleicht besten Badestrände Schwedens. Unglücklicherweise ist manch einer dieser Strände in den letzten Jahren wegen Wasserverunreinigungen fürs Baden nicht zugelassen. Die Vergiftungen führten zu schwerem Bodentod. Nach umfangreichen Naturpflegearbeiten beginnt sich die Bucht jedoch langsam zu erholen, und der Meeresboden belebt sich wieder.

Die Hallandsküste südlich von Falkenberg besteht aus glatten weiten Sandstränden, die aufs Land zu in mächtige Dünengebiete übergehen. In nördlicher Richtung werden die Strände felsiger und steiniger, aber richtige Schären gibt es nicht. Das Binnenland ist berg- und waldreich, wechselnd mit fruchtbaren Flachlandtälern und Heidekrautheiden. Berühmt für seine Schönheit ist das Simlångstal. Das Badeleben gibt im Sommer Halland sein Gepräge, und die Städte Laholm, Halmstad, Falkenberg, Varberg und Kungsbacka sind beliebte und gutbesuchte Touristenziele. Von Halland und über einen kleinen Streifen Västergötlands, das bis zur Küste reicht, erreichen wir Bohuslän, das sich von Göteborg bis zur norwegischen Grenze erstreckt. Im Mittelalter gehörte die Landschaft zu Norwegen und wurde Viken genannt. Sie wurde in einen nördlichen Teil: Ranrikesyssel und einen südlichen Teil: Älvsyssel, eingeteilt. Mit ihren dreitausend Inseln und Schären ist sie die ausgeprägteste Meeres- und Schärenlandschaft Schwedens. Zwischen dem Meer und dem Agrargebiet gibt es Berge und Klippen, die der Küste ihr eigentümliches Aussehen geben. Diese Barrieren von Urzeitklippen, geschliffen und geformt vom Meer, zerschnitten durch tiefe Fjorde, die früher und noch heute wichtige Wege für die Schiffahrt sind. Die bedeutendsten sind Hakefjord, Gullmarsfjord und Idefjord.

Bei Nötesund auf Orust, der östlichsten Insel von Bohuslän, kann man mit der Fähre zum Bokenäset übersetzen. Bokenäset och Stångenäset umschließen den Gullmarsfjord; Bohusläns größtem Fjord, und dem einzigen, der den Namen Fjord verdient — eine Bucht mit einer Bodenschwelle, hinter der ein tieferes Bassin liegt. Die Wassertiefe beträgt an der Mündung 40 m, und erreicht im Bassin an einigen Stellen bis zu 125 m Tiefe. Der Gullmarsfjord hat eine einmalige Flora und Fauna und ist seit langem ein Zentrum für biologische Meeresforschung. In Fiskebäckskil, an der östlichen Seite des Fjords, liegt die meeresbiologische Station Kristineberg, die schon 1877 gegründet wurde, und eine der ältesten der Welt ist. In Lysekil, an der nördlichen Seite, liegt das Meeresfischlaboratorium der Fischereibehörde.

Es gib eine Menge Denkmäler aus vergangenen Zeiten in Bohuslän — Hünengräber und Ganggräber, Steinhaufen und Steingräber. Die imponierenden und phantasieanregenden schiffsförmigen Steinsetzungen bei Blomsholm, Schwedens zweitgrößte nach „Ales stenar" in Kåseberga, in Schonen. Sie sind aus dem 6. Jh. In der Gegend von Tanum, und an vielen anderen Stellen, gibt es eine reiche Anzahl Felsbilder aus der Bronzezeit und der frühen Steinzeit. Das sind Sehenswürdigkeiten von Rang und unter den eigenartigsten sind die Felsbilder von Aspeberget, Emilieborg und Vitlycke. Hier wird das Pflügen des Alltags und der Lärm des Kampfes geschildert, und man bekommt einen Einblick in das rituelle und zeremonielle Leben unserer Vorväter.

Die wichtigste Stadt der Westküste ist Göteborg. Es ist Schwedens zweitgrößte Stadt und hat über eine halbe Million Einwohner. An der Mündung des Göta älv hat es mehrere Vorgänger gegeben, so z. B. im frühen Mittelalter Lödöse.

Das neue Lödöse wurde 1470 an der Mündung des Säveå gegründet und im nächsten Jh. von Älvsborgs stad abgelöst. Im Jahre 1603 plante Karl IX hier eine Stadt. Während des Kalmarer Krieges 1611—1613 wurde die Stadtbildung zerstört und die Gegend von den Dänen besetzt. Nach der Befreiung Älvsborgs 1619, ließ Gustav II Adolf Göteborg anlegen, und 1621 wird als das Gründungsjahr der Westküstenmetropole angenommen.

Göteborg ist heute der führende Export- und Importhafen mit Schiffahrtstraditionen von mehreren hundert Jahren. Hier ankerten im 18. Jh. die Segelschiffe der Ostindischen Kompanie, die mit Eisen und Holz nach Kanton in China segelten, und Tee, Porzellan, Stoffe, Gewürze und andere exotische Waren mitführten. Die große Expansion der Stadt kommt um 1860. Von Göteborg segelten im 19. Jh. mehr als eine Million Auswanderer nach Amerika ab. Vor dem Durchbruch der Verkehrsflugzeuge war Göteborg der natürliche Hafen für Reisende nach Amerika. Hier starteten die großen Passagierschiffe der Schwedischen Amerikalinie. Hier wurden die Frachtschiffe vieler Reedereien be- und entladen. Heute ist Göteborg der Hafen der großen Containerschiffe. Von der Westküste aus werden die Exportgüter Schwedens in die Welt verschifft. In Wallhamn auf Tjörn fahren Volvo-Autos an Bord von Spezialschiffen der schwedischen Wallenius Lines Reederei, um die Käufer in England, Frankreich und Ländern auf der anderen Seite des Ozeans, zu beliefern. Umfassender Fährverkehr verbindet die Westküste mit Dänemark, Westdeutschland und England.

Wenn man sich das erste Mal der Landschaft von Bohuslän nähert, ist man von deren großartiger und dramatischer Schönheit überwältigt. Es ist eine karge und harte Seite, die die Landschaft in Richtung auf das Meer vorzeigt, aber ein Stück von den steilen, die Strände schützenden Klippen entfernt, gibt es eine fruchtbare Ackerlandschaft mit grünen blühenden Tälern. In der Höhe von Gullmaren, der in die Landschaft einschneidet, ändert das Land die Farbe — im Süden bekommt alles eine blaue Nuance, und nördlich davon dominiert ein rosa Ton. Dies beruht auf der Zusammensetzung des Grundgesteins: im Süden dunkler, gesplitterter Gneis und nördlich davon fast ausschließlich roter Granit. Anfang dieses Jh. besuchte der damalige König Oscar II jährlich im Sommer Marstrand. Dies führte dazu, daß auch andere herkamen, und das Badeortsleben blühte auf wie nie zuvor — so ist es auch noch heute. Zur Sommerszeit wird die Küste buchstäblich von schwedischen Urlaubern invadiert, aber auch segelnde Norweger, Dänen und Deutsche finden hier ihr Sommerparadies. In den beliebten Häfen, z.B. Marstrand und Smögen ist während der Sommermonate großes Gedränge an Stegen und Anlegeplätzen. Bohuslän ist im Sommer ein wahres Eldorado für Segler, Sportangler und Badegäste. Seit den Tagen Oscars II hat sich jedoch Vieles verändert. Bohuslän hat viele jehe Konjunkturschwankungen erlebt. Als es reichlich Hering gab, blühten die Häfen und die Bevölkerung hatte gute Einkommen. Als die Fänge verschwanden, entstand in vielen Heimen schwere Not. Als dann das Silber des Meeres wiederkam, füllten sich die Häfen mit Schiffen aus allen Ecken der Welt. Der fette Hering, der an der Westküste gefangen wurde, war eine Delikatesse in ganz Europa. Heute hat sich die Lage für früher blühende Industrien, z.B. die der Werftindustrie, total verändert. Alte, gutgehende Orte sind duch die Arbeitslosigkeit geschrumpft und die Bevölkerung ist aufs Festland oder in die Großstädte gezogen. Die große Werft in Uddevalla wurde zur Stillegung gezwungen. Orte, die früher vor Leben und Bewegung siedeten, sind jetzt den größten Teil des Jahres fast verlassen. Aber das Interesse für die alten Fischereiorte mit ihren dichtliegenden Häusern ist sehr groß. Spekulanten und Sommerurlauber kaufen alles, was zum Verkauf angeboten wird. Die Prognosen zeigen auf eine starke Nachfrage nach Freizeithäusern und Grundstücken. Man rechnet damit, bis zur Jahrhundertwende 100 000 Häuser für den Freizeitgebrauch verkaufen zu können. Dies bewirkt eine Steigerung der Preise, die fast so hoch werden, wie in den gefragten Großstadtregionen. Aber hier gibt es auch Orte, die trotz Tourismus einen Rückgang erleben. Ein Beispiel hierfür ist Mollösund, das lange für umfangreiche Fischveredlung bekannt war. Hier wurden große Mengen Lengfisch gelandet, die auf Trockengestellen zu Stockfisch verwandelt wurden. Heute wird das Trocknen im Freien durch Gefriertrocknen ersetzt. Die alten Trockengestelle verfallen, um wahrscheinlich nie wieder aufgebaut zu werden. In einigen Jahren sind die typischen Anlagen für Stockfisch für immer aus Bohuslän verschwunden.

Die Westküste hat viele Gesichter. Ein sonniger Sommertag mit leichter Brise und glitzerndem Wasser hat wenig gemeinsam mit Sturm und eisigen Temperaturen im Herbst und im Winter. Der starke Wind kann wochenlang anhalten, und die noch Ansässigen kriechen zusammen in den dichtstehenden Häusern. Gewaltige Wellen schlagen an die Küste und peitschen das Wasser zu Schaum, der in weißen Bällen weit aufs Land geschleudert wird. Es ist eine unfreundliche und nicht gerade einladende Jahreszeit. Jedoch die seltenen Wintertage mit klarem Himmel und Eis, das trägt; vielleicht bis hinaus zu den Väder-Inseln, geben ein unvergleichliches Erlebnis. So kalte Winter sind jedoch ungewöhnlich; die Westküste hat Meeresklima und kann sich statistisch gesehen über Schwedens behaglichste Temperaturen freuen. Die Jahresmitteltemperatur liegt in Göteborg bei 7,6°C und der Sommer beginnt laut Wetterstatistik am 13. Mai. Eine entsprechende Notierung für z.B. Stockholm ist der 24. Mai. Der Durchschnittsniederschlag ist unter den reichlichsten in Schweden: 670 mm pro Jahr. Dies kann für sonnenhungrige Touristen viele Regentage bedeuten. Besser bestellt ist es weiter oben an der Küste. Im nördlichen Bohuslän ist das Klima trockener und sicherer für ein behagliches Sommerleben.

Auch wenn einiges an dieser schönen Küste noch unberührt ist, so bricht doch die neue Zeit an. Mächtige Brücken gehen über Buchten und Sunde. Wo man früher ruderte oder segelte, um auf die Inseln zu kommen, fahren jetzt große Fähren, die hunderte von Autos schlucken können. Schnelle Schärenboote machen dichte Touren zwischen den Inseln. Es ist möglich geworden in den Schären fest wohnhaft zu sein und zu den Orten auf dem Festland zu pendeln. Die Festlandbevölkerung ihrerseits kann leicht zu den lockenden Freizeitgegenden in den Schären kommen.

Aber dies alles stellt auch eine große Belastung, Verschleiß und Verschmutzung empfindlicher Gegenden dar. Die Spuren der modernen Ölindustrie erschrecken, immer wieder wird dickes, klebriges Öl über Klippen und Inseln geworfen. Schwere Tragödien für die Vogelkolonien sind die Folge. Pflanzen und Tiere bekommen Schäden, die die Natur erst nach langen Jahren reparieren kann. Dies alles, obwohl die Ölsanierer an der Küste ganze Arbeit leisten.

Der große Robbentod im Frühling und Sommer 1988 war ein großer Schock für viele. Zu Tausenden trieben die toten Tiere an Land und wurden zur Mahnung, daß das Meer krank ist. Genauso zerstörten die Giftalgen die Muschel- und Fischzucht, mit ökonomischen Schäden als Folge. An einigen Stellen der Westküste ist der Meeresboden fast tod. Die Fischerei, die vielen tausend Menschen früher Arbeit gab, hat so an Umfang abgenommen, daß viele gezwungen wurden sich einen anderen Beruf zu suchen. Zum größten Teil wird der Zustand des Meeres auf Gifte aus der Landwirtschaft, der Industrie und dem Verkehr zurückgeführt. Soll das Meer gerettet werden können, muß schnell gehandelt werden. Große Anstrengungen werden auch gemacht, um das Ausbringen, das durch Überdüngung verursacht wird, zu vermindern. Bei den wissenschaftlichen Forschungsstationen von Gullmarsfjord und Kosterfjord folgt man genau der Situation. Besonders erfreulich ist es, daß die neuen Generationen an der Westküste die Gefahren eingesehen haben, und auf verschiedene Weise versuchen, eine Veränderung zu Stande zu bringen.

Es gibt allerdings Wunden im Landschaftsbild, die nie mehr heilen werden. Die Steinindustrie, die neben der Fischerei die größte Bedeutung für die Bewohner von Bohuslän hatte, hat die Landschaft schwer angegriffen. Die Steinbrüche haben aber zum Glück für die Umwelt kaum noch Bedeutung.

An einem sonnigen Vorsommertag an Bord eines der weißen Boote bei Saltholm, in der Nähe von Långedrag, zu gehen, ist ein Erlebnis. Tobende Kinder haben schulfrei für einen Ausflug nach Vrångö bekommen; eine Insel in der Reihe von Inseln, die die Küste schützen. Ich fahre mit hinaus und genieße die Wärme im Sonnenschein. In der Fahrrinne segelt ein Boot allein mit südlichem Kurs. Auf einer Klippe ruht sich eine Robbe in der Sonne aus. Diese Beobachtung erfüllt mich mit Freude — es gibt noch Robben im Meer. Möven folgen unserem Boot und halten nach Futter Ausschau. Einige Ausflugsbutterbrote werden über die Reling geworfen, und blitzschnell taucht der Mövenschwarm. Wir legen auf Styrsö und Donsö an, einige Rollwagen mit Lebensmitteln werden ausgeladen, und das Boot fährt weiter. Ein Lotsenboot fährt an der Steuerbordseite vorbei; ein großer moderner Fischkutter fährt nach Göteborg hinein. Direkt nach der Ankunft in Vrångö gleitet das Schulschiff der Marine, KMS Gladan, mit gefüllten Segeln nordwärts. Es ist ein imponierender Anblick und ein Gruß aus einer verschwundenen Schiffahrtsperiode, als Segelschiffe noch die Meere beherrschten. Von weitem kann man eine Nachtigall aus den dichten Gebüschen der Insel hören. Ich wandere über die Insel zum Fischereihafen an der Westseite, und bewundere die kleine Holzbootflotte, die am äußeren Pier liegt. Der Firnis glänzt wie Glas an den seetüchtigen Booten, klinkergebaut und stumpf, an die Wellen des Westmeeres angepaßt.

In einem gepflegten Garten spreche ich mit einem Inselbewohner, der ein Mannesalter lang die Schiffe der Schwedischen Amerikalinie gefahren hat. Jetzt ist er für immer auf Vrångö an Land gegangen.

— Das Leben auf der Insel hier ist einfach, erzählt er. Die negativen Seiten des modernen Lebens reichen nicht bis hier hinaus. Verbrechen sind z.B. ein fast unbekannter Begriff auf Vrångö. Das einzige, was passiert ist, woran ich mich erinnern kann, ist eine Schiffsglocke, die an einer Wand hing und gestohlen wurde. Ein langfingriger Typ hatte sie mitgenommen und fuhr mit dem Linienschiff zur Stadt. Aber auf Saltholm wartete schon die Polizei, und jetzt hängt die Glocke wieder an ihrem Platz.

Rund um die Klippen blühen Fetthenne, Stiefmütterchen und eine Pflanze, die an der Westküste als „Strandjungen" bekannt ist. Den selben Anblick hat man überall auf den Inseln, wo Blumen zwischen den Bergen kleine Teppiche bilden. Die Flora zeigt viele seltene Arten, wie z.B. Eibe, Liguster und Bohuslinde. Aber es ist die Waldheckenkirsche, die der Landschaft Bohuslän ihre Prägung gibt. Ihr balsamartiger Duft, der sich an Sommerabenden über den Bergen verbreitet, kann in sich die Schönheit der ganzen Landschaft zusammenfassen.

Es gibt auch sehr viele Vögel. Ein Schwarm Eiderenten startet vom Wasserspiegel der Bucht, um einen Steinwurf weiter zu landen. Austernfischer fliegen nervös um ihre Nester herum, und tun alles, um Eindringlinge aus ihrem Revier zu verjagen. Sie machen Scheinanfälle und geben schrille Warnungslaute von sich.

Ich ziehe mich zurück, und es knirscht unter den Füßen, wenn ich auf die Haufen von Schneckenschalen trete, die am Strand liegen. Draußen auf dem Meer zieht eine Perlenschnur von Segelbooten vorüber. Sie halten den selben Kurs. Entweder ist es ein frühes Familiengeschwader, oder Langsegler bei einer Frühlingstour.

Meine erste Bekanntschaft mit den bohusländischen Gewässern machte ich eines Sommers über Nordre älv, dem nördlichen Arm von Göta älv, der sich an Kungälv, mit der mächtigen Festung, vorbei ins Meer schlängelt. Nach einigen Tagen auf dem Göta-Kanal bekamen wir den frischen Wind in den Gewässern südlich von Marstrand, der ältesten Stadt des Nordens, wahrscheinlich im 13. Jh. gegründet. Die Festung Carlsten hoch oben auf der Insel gab uns einen guten Anhaltspunkt, und es war spannend in das ausgezeichnete Fahrwasser, mit seinen Steinlabyrinthen, einzudringen, das an einigen Stellen so schmal ist, daß man meint die Bergseiten mit den Fingerspitzen berühren zu können.

In Marstrands geborgenem Hafen werden wir sofort dem Seglerkollektiv des Hochsommers einverleibt. Vertäut man am Kai, erwacht man am nächsten Morgen und ist von zehn, zwölf vielleicht fünfzehn Reihen von Booten eingeschlossen, die außen davor liegen. In dieser Welt darf man es nicht eilig haben, man wird ein freiwilliger Gefangener im Seglerparadies; und es kommen ständig neue Boote, viele mit norwegischer Flagge am Heck. Aber auch Boote mit exotischen Nationalitätsbezeichnungen legen an. Als wir dort waren, ankerte ein riesiges Segelboot aus Neu-Seeland draußen auf der Reede. Es war so groß, daß es für die Weiterfahrt in Richtung Norden einen Lotsen brauchte.

Wir haben auch die Leckereien genossen, die im Restaurant des Hafens serviert wurden. Plattfisch hatte den Geschmack von Hummer, die Garnelen waren herrlich frisch, die Muscheln erinnerten den Gaumen an das Salz des Meeres. Danach machten wir einen Spaziergang durch das schloßähnliche Gesellschaftshaus, wo der König Oscar II

während des Sommers Hof hielt. Von Carlstens Festung hat man eine makellose Aussicht über das Meer. An der Nordseite kann man das Haus des Volvochefs Pehr G. Gyllenhammar sehen, das einsam auf dem kargen Bergstrand liegt. Ein tadelloses Haus, hat er selbst erzählt. Nicht einmal, wenn der Wind Orkanstärke erreicht, ist es ungastfreundlich oder zugig. Und es ist ganz still, nicht ein einziges Knacken, wenn die Sturmböen einsetzen. Es waren tüchtige Leute, die wußten wie man in den Schären bauen muß, und die einst das alte Haus des Leuchtturmwärters aufbauten.

Nördlich von Marstrand gibt es mehrere Plätze, die eines Besuchs wert sind: Die Insel Åstol mit ihren für bohusländische Fischersiedlungen so typischen Stil. Skärhamn mit modernen Hafenanlagen, Kyrkesund, Käringön und Gullholmen. Käringön ist eine kahle Insel draußen im Meer. Hier gibt es eine Holzkirche vom Ende des 18. Jh.

Weiter nördlich liegen Smögen und Kungshamn, wichtige Stellen für die Fischerei; Hunnebostrand war einmal der Zentralort für die Steinindustrie; Hamburgsund und Fjällbacka. Fjällbacka ist schön gelegen unter dem mächtigen Veddeberg. Es hat sich in den letzten Jahren zum wichtigsten Hafen für Freizeitsegler im nördlichen Bohuslän entwickelt. Am nördlichsten kommt dann Strömstad mit dem davorliegenden Kosterarchipel.

Das Meer gibt dem Sportangler reiche Möglichkeiten — Dorsch, Weißling, Scholle, Kaulkopf, Heilbutt, Hundshai u.a. können am Haken hängenbleiben. Im Westmeer leben ca 1 500 Arten, verglichen mit der Ostsee mit ca 300 Arten. Schon im 18. Jh. bemerkte Carl von Linné, daß das Westmeer so viele für den normalen Schweden unbekannte Schätze barg, und daß er darüber sehr verwundert war.

Ich glaube, daß es mir nie an der Westküste langweilig werden kann — wo die Reichtümer so vielseitig sind; die Natur so wechselnd, daß man ständig etwas Neues erlebt. Die sich weit erstreckenden Sandstrände bei Tylösand; die Badebuchten auf Getterö, vor Varberg; Göteborg mit seinen frischen Schären von verschiedenem Charakter. Oder der Mond über dem mächtigen Bergkamm bei Fjällbacka; das Meerleuchten im August im Kosterfjord; ein Sonnenuntergang bei Flaute in einer Sommernacht an der Westküste von Hamburgö — das ist die WESTKÜSTE.

Vår västkustfärd börjar i det idylliska Torekov med naturparken Hallands Väderö strax utanför kusten. Torekov är ett gammalt fiskeläge som numera domineras av sommarturism och badliv på de långgrunda stränderna. Hallands Väderö har ett synnerligen rikt fågelliv.

Föregående sida: Vårblomningen är praktfull, trift och styvmorsviol bildar mattor på de låga strandängarna.

Our journey along the West Coast starts at the idyllic little town of Torekov with the Hallands Väderö natural park just off the coast. Torekov is an old fishing-centre which nowadays is dominated by the summer tourist trade and swimmers enjoying the gently sloping beaches. The bird life on Hallands Väderö is extremely rich.

Previous page: The spring blossoming is magnificent; *Armeris maritim* and wild pansies carpet the low-lying coastal meadows.

Unsere Westküstenfahrt beginnt im idyllischen Torekov mit dem Naturpark auf der Insel Hallands Väderö, kurz vor der Küste. Torekov ist ein alter Fischereihafen, der jetzt vom Sommertourismus und vom Badeleben an den seichten Stränden dominiert wird. Hallands Väderö ist besonders reich an Vögeln.

Vorige Seite: Die Blütezeit im Frühling ist prächtig: wilde Nelken und Stiefmütterchen bilden auf den tiefliegenden Strandwiesen ganze Teppiche.

Det storslagna landskapet vid Hovs
hallar på Laholmsbuktens södra sida.

The impressive landscape of Hovs
hallar on the south side of Laholms-
bukten.

Die großartige Landschaft bei Hovs
hallar an der Südseite der Laholms-
Bucht.

*Tylösand, nio kilo-
meter nordväst om
Halmstad, är en gam-
mal välkänd badort.
Här finns Sveriges
kanske finaste bad-
stränder.*

Tylösand, nine kilo-
metres north-west of
Halmstad, is a well-
known old resort
offering perhaps the
finest bathing-beaches
in Sweden.

Tylösand, neun Kilo-
meter nordwestlich von
Halmstad, ist ein alter
wohlbekannter Bade-
ort. Hier gibt es die
vielleicht schönsten Ba-
destrände Schwedens.

Varberg vid Kattegatt har anor från 1000-talet. Högt över staden ligger Varbergs fästning som började byggas på 1200-talet. I dag är fästningen museum. Bilden nedan t h visar bebyggelse inom fästningsområdet. Det gamla kallbadhuset är ännu flitigt i bruk.

The Kattegatt town of Varberg dates from the 11th century. Varberg Fort, which was founded in the 13th century, lies high above the town. The fort is now a museum. The picture to the right below shows the buildings within the fortress. The old swimming-baths are still very much in use.

Varberg am Kattegatt hat Ahnen aus dem 9. Jh. Hoch oben über der Stadt liegt die Festung, mit deren Bau im 11. Jh. begonnen wurde. Heute ist die Festung Museum. Das untere Bild zeigt Bauten, die zur Festung gehören. Das alte Freibad ist noch immer gut besucht.

Solglitter på fjärden utanför Styrsö i Göteborgs skärgård.

The sun glittering on the channel outside Styrsö in the Gothenburg archipelago.

Sonnenglanz auf der Fahrrinne vor Styrsö, in den Göteborger Schären.

Tv: Tidig vår på Styrsö. Syren och gullregn blommar i backen ovanför hamnen. Under: Öarna i Göteborgs skärgård trafikeras av snabba passagerarbåtar som gör det möjligt för öborna att dagligen färdas till sina arbetsplatser på fastlandet.

Stora bilden: Vid den djupa Saltkällefjorden ville drottning Ulrika Eleonora anlägga en stad. Tanken togs upp också efter Uddevallas brand 1804. Namnet Saltkäl, från bohuslänska saltkittel, visar att det här har funnits saltsjuderier i gångna tider.

Left: Early spring on Styrsö. Lilac and laburnum flowering on a slope above the harbour. Below: The islands in the Gothenburg archipelago are served by fast passenger boats, which makes it possible for the island dwellers to make daily trips to their work-places on the mainland.

Large picture: Queen Ulrika Eleonora wanted to build a town on the shore of the deep Saltkälle Fiord. The idea was reconsidered after the Fire of Uddevalla in 1804. The name Saltkäl, which in the dialect of Bohuslän means salt cauldron, shows that there were salt-works here in olden days.

Links: Vorfrühlingsbild auf Styrsö. Flieder und Goldregen blühen auf dem Hügel über dem Hafen. Unten: Zwischen den Inseln in den Göteborger Schären verkehren schnelle Fähren, die es den Inselbewohnern ermöglichen, zu ihren Arbeitsplätzen auf dem Festland zu kommen.

Großes Bild: Am tiefen Saltkällefjord wollte die Königin Ulrika Eleonora eine Stadt anlegen. Der Gedanke wurde auch nach dem Brand von Uddevalla im Jahre 1804 aufgenommen. Der Name Saltkäl, vom bohusländischen Dialekt „saltkittel" (Salzkessel), zeigt an, daß es hier in der Vergangenheit eine Saline gegeben hat.

Utsikt över Göteborgs hamn från ett höghus vid Lilla Bommen. I förgrunden råseglaren Viking på sin nya förtöjningsplats. Nu pekar bogsprötet mot havet.

"Göteborg vetter mot västerhavet. Dess livsnerv är tvinnad av de förbindelsetrådar, som löpa från dess hamn över havet till främmande stränder", skrev den kände publicisten Torgny Segerstedt, huvudredaktör för Göteborgs Handels- och Sjöfartstidning.

View of the port of Gothenburg from a high-rise building in Lilla Bommen. In the foreground the square-rigger Viking at its new berth. The bowsprit now points towards the sea.

The well-known journalist and editor-in-chief of the newspaper Göteborgs Handels- och Sjöfartstidning Torgny Segerstedt wrote: "Gothenburg faces the North Atlantic. Its vital nerve is twined from the lines of communication which run from its port across the sea to foreign shores".

Aussicht von einem Hochhaus am „Lilla Bommen" aus, auf den Göteborger Hafen. Im Vordergrund das Segelschiff „Viking" an seinem neuen Vertäuungsplatz. Jetzt zeigt der Bugspriet aufs Meer hinaus.

„Göteborg geht aufs Westmeer hinaus. Der Lebensnerv ist verwunden mit den Verbindungsdrähten, die vom Hafen über das Meer zu fernen Stränden verlaufen", schrieb der bekannte Publizist Torgny Segerstedt, Chefredakteur der Zeitung „Göteborgs Handels- och Sjöfartstidning".

Byggnadsstilarna är många i Göteborg och längs Västkusten: den nya kontorsskrapan vid Lilla Bommen, av folkhumorn döpt till "Vattenståndet", värdshuset i Särö och tornet i Långedrags segelbåtshamn.

Buildings of many different kinds can be seen in Gothenburg and along the West Coast: the new office block at Lilla Bommen, which popular humour has christened "The Water Level"; the inn at Särö; the tower in the Långedrag marina.

Vielerlei Baustile sind in Göteborg und an der Westküste vertreten. Der neue Büro-Wolkenkratzer am „Lilla Bommen", im Volksmund „Wasserstand" genannt, das Wirtshaus in Särö und der Turm im Segelbootshafen von Långedrag.

Bohus gränsfästning, strategiskt placerad på Bagaholmen i älvgrenen där Nordre älv lämnar Göta älvs huvudfåra. Den anlades 1308 och var en viktig bastion i det svensk-norska gränslandet. Fästningen belägrades ett flertal gånger men föll aldrig. Huvudtornet som uppfördes på 1400-talet kallas Fars hatt. Motsvarigheten i södra delen är Mors mössa.

The Bohus frontier fortress, strategically positioned at Bagaholmen at the fork where the Nordre river leaves the main channel of the Göta river. It was founded in 1308 and was an important bastion in the Swedish-Norwegian border country. The fort was besieged several times but never fell. The principal tower was built in the 15th century and is known as Father's Hat. Its counterpart in the southern section is called Mother's Bonnet.

Die Grenzfestung Bohus, strategisch gebaut auf Bagaholmen, im Flußarm, wo der „Nordra älv" den Hauptstrom des „Götaälv" verläßt. Die Festung wurde 1308 angelegt, und war eine wichtige Bastion im schwedisch-norwegischen Grenzland. Der Hauptturm, der im 15 Jh. gebaut wurde, wird „Fars hatt" (Vaters Hut) genannt. Das Gegenstück im südlichen Teil heißt „Mors mössa" (Mutters Mütze).

De nio bebyggda öarna i Öckerö kommun når man med bilfärja. Öarna var tidigare ekbeväxta men är numera kala och domineras av höga klippformationer. Öarna befolkades under 1200-talet och har länge varit centrum för fiske och sjöfart.

The nine built-up islands in the municipality of Öckerö can be reached by car ferry. Formerly overgrown with oak trees, the islands are now bare and dominated by high rock formations. The islands were first populated in the 13th century and have long been a maritime and fishing centre.

Die neun bebauten Inseln der Kommune Öckerö erreicht man mit der Autofähre. Die Inseln waren früher mit Eichen bewachsen; sind jetzt aber kahl, und werden von hohen Klippenformationen beherrscht. Die Inseln wurden im 13. Jh. bevölkert. Sie sind seit langem ein Zentrum für Fischerei und Schiffahrt.

I en aldrig sinande ström drar stor-stadsbefolkningen ut till öarna i Göteborgs norra skärgård. Här finns rika tillfällen till båtsport och aktivt friluftsliv. Men man kan också bara sitta och njuta av utsikten i en sol-varm klippskreva.

City dwellers make their way out to the islands in the northern Gothenburg archipelago in a never-ending stream. There are rich opportunities for boating and other outdoor activities. But it is also possible simply to sit and enjoy the view from a warm rock crevice.

In einem ununterbrochenen Strom zieht es die Großstadtbevölkerung hinaus in die nördlichen Schären von Göteborg. Hier gibt es reichlich Gelegenheit dem Bootsport und dem aktiven Freiluft-leben zu frönen. Aber man kann auch nur dasitzen und von einer warmen Felsspalte aus die Aussicht genießen.

Vinden ligger på i Sälö fjord och piskar vågorna till skum. I fjärran skymtar bebyggelsen på Rårö.

There is a high wind in Sälö fiord and it whips the waves into foam. The buildings of Rårö can be made out in the distance.

Der Wind weht in den Sälö-Fjord hinein und peitscht die Wellen zu Schaum. In der Ferne sieht man die Bauten auf Rårö.

45

Rönnäng på Tjörns sydspets är ett genuint fiskeläge med båtar och fiskebodar. I sundet mellan Rönnäng och Tjörnekalv går den vita turbåten som nyss släppt av passagerare från ön Åstol och nu stävar vidare mot Klädesholmen.

Rönnäng on the southern tip of Tjörn is a genuine fishing-village with boats and fishermen's huts. A white passenger boat in the channel between Rönnäng and Tjörne-kalv; it has just landed its passengers from the island of Åstol and is now heading for Klädesholmen.

Rönnäng, auf der Südspitze der Insel Tjörn, ist ein alter Fischereihafen mit Booten und Fischerschuppen. Im Sund zwischen Rönnäng und Tjörnekalv fährt das weiße Rundfahrtschiff, das gerade Passagiere von der Insel Åstol an Land gehen ließ, und nun weiter nach Klädesholmen steuert.

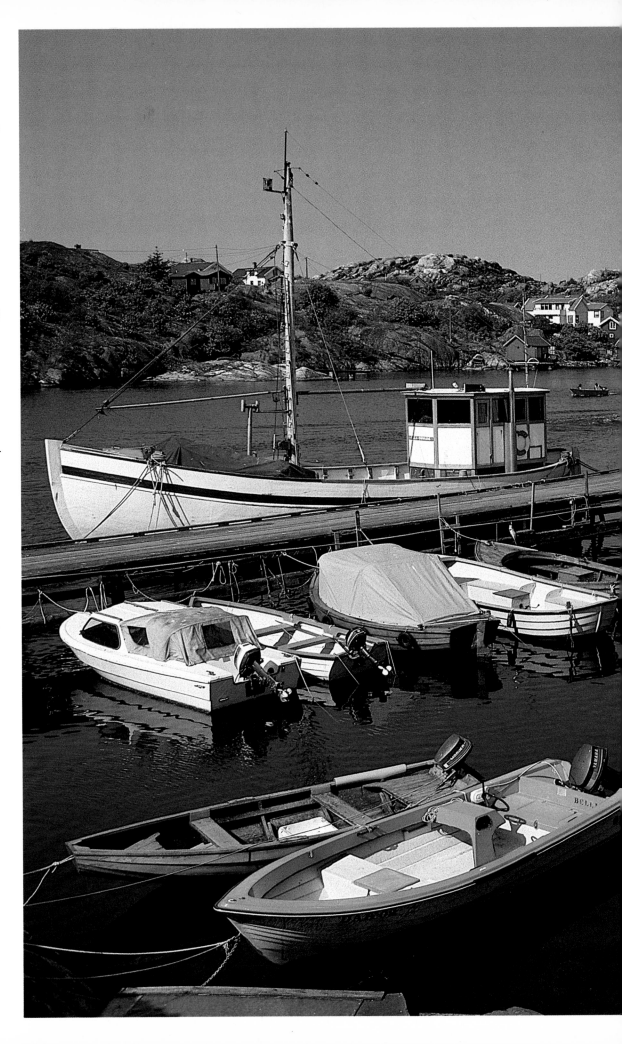

Göteborgs skärgård är ett paradis för fritidsfolket. Här finns allt vad man kan begära — god spis, solvarma klipphällar och en leende natur mitt i det kärva stenriket.

The Gothenburg archipelago is a paradise for vacationers. It offers them all they need — good food, warm rocks for sunbathing and smiling scenery plumb in the middle of the rocky landscape.

Die Göteborger Schären sind ein Paradies für Feriengäste. Hier gibt es alles, was das Herz begehrt — gutes Essen, sonnenwarme Felsplatten und eine lächelnde Natur, mitten in der kargen Steinlandschaft.

Innanför den vresiga
kustlinjen i Bohuslän
finns blommande och
bördiga dalgångar. Här
på Tjörn, i en hage
några stenkast från
havet, betar ett sto med
sitt lilla föl.

Just inland from the
rugged Bohuslän coast
there are blossoming
fertile valleys. Here on
Tjörn, a short step from
the sea, a mare grazes
with her little foal.

Landeinwärts, hinter
der knorrigen Küsten-
linie in Bohuslän, gibt
es blühende und
fruchtbare Täler, wie
hier auf Tjörn. Auf ei-
ner Weide, ein kleines
Stück vom Meer, grast
eine Stute mit ihrem
Fohlen.

50

Skutnäringen har ännu några få trogna utövare. Men mest ligger de gamla segelfartygen vid kaj och minner om tider som flytt. Ungdomarna ägnar sig åt nya tiders fröjder — dykning i det artrika havet eller klättring i bergen.

The sailing bark trade still has a few faithful adherents, but most of these old boats lie gracing the quayside dreaming of bygone days. Youths devote themselves to present-day delights — diving in the well-stocked sea or climbing in the hills.

Noch gibt es Leute, die treu den Beruf des Küstenschiffers ausüben. Meist liegen jedoch die alten Segelschiffe an der Mole und erinnern an vergangene Zeiten. Die Jugend geht den Freuden der Neuzeit nach — Tauchen im artenreichen Meer, oder Klettern in den Bergen.

Klädesholmen och Koholmen är värda ett besök. Här är den gamla miljön väl bevarad och här ges rika tillfällen till sportfiske. Men lämna bilen på de stora parkeringsplatserna — det är trångt mellan husen på öarna och dessutom råder där parkeringsförbud.

Klädesholmen and Koholmen are worth visiting; the old surroundings are well preserved and there are plenty of opportunities for angling. But leave the car in one of the big parking lots — the island lanes are narrow, and in any case parking is prohibited.

Sehenswert sind Klädesholmen und Kuholmen. Hier ist das alte Milieu noch bewahrt, und es gibt reichlich Gelegenheit zum Sportangeln. Lasse jedoch das Auto auf den großen Parkplätzen stehen, denn es ist eng zwischen den Häusern auf den Inseln, und ausserdem besteht Parkverbot!

Marstrand är Västkustens kan-
ske charmfullaste stad, därtill
historiskt intressant. Sista etappen
till ön med den imponerande
Carlstens fästning, anlagd av Erik
Dahlbergh i slutet av 1600-talet,
gör man med färjan Lasse-Maja,
uppkallad efter storskojaren
Lasse-Maja som förövade sina
brott iklädd kvinnokläder och
satt på fästningen för att sona sina
synder. Han benådades efter 26 år
bakom de bastanta murarna. Det
moderna Marstrand är träffpunkt
för seglare och den årliga regattan
är något av seglingssäsongens
höjdpunkt.

Marstrand is probably the most
charming town on the West
Coast, and it is also of historical
interest. The final stage of the
journey to the island with the im-
pressive Carlsten Fort, which was
founded by Erik Dahlbergh at the
end of the 17th century, is made
aboard the ferry Lasse-Maja,
named after a legendary em-
bezzler who committed his
crimes dressed as a woman and
was sentenced to serve time in the
fort to atone for his misdeeds. He
was pardoned after spending 26
years behind the stout walls. Pre-
sent-day Marstrand is a meeting-
place for sailors and the annual
regatta is something of a climax in
the yachting season.

Marstrand ist die vielleicht
charmanteste Stadt der West-
küste. Die letzte Etappe zur Insel
mit der imponierenden Festung
Carlsten, die von Erik Dalbergh
Ende des 17. Jh. angelegt wurde,
legt man mit der Fähre Lasse-
Maja zurück, die nach dem Be-
trüger Lasse-Maja benannt wur-
de, der seine Verbrechen in Frau-
enkleidern beging, und dafür 26
Jahre lang auf der Festung büßen
mußte. Danach wurde er begna-
digt. Das moderne Marstrand ist
ein Treffpunkt der Segler, und die
jährliche Regatta ist einer der
Höhepunkte der Saison.

Marstrand är ett omtyckt mål för många skolresor. Silverpoppeln som planterades 1868 har motstått alla hårda stormar och fått ansenliga dimensioner. Till vänster det gamla slottsliknande societetshuset som flitigt frekventerades av kung Oskar II och hans hov. Den turkosskimrande poolen är av senare datum.

Marstrand is a favourite place for school outings. The silver poplar, which was planted in 1868, has withstood the heavy storms over the years and grown to an impressive size. On the left the palatial old Society House which was frequented by King Oscar II and his entourage. The glittering turquoise swimming pool is of later date.

Marstrand ist ein beliebtes Ziel für viele Schulreisen. Die Silberpappel, die 1868 gepflanzt wurde, hat allen Stürmen standgehalten und ansehnliche Dimensionen bekommen. Links, das schloß-ähnliche „Gesellschaftshaus", das oft vom König Oscar II und seinem Hof besucht wurde. Das türkisschimmernde Bassin wurde später gebaut.

Vackra sommardagar med god vind är vattnen utanför Marstrand fyllda av vita segel.

On fine summer days when there is a good wind the waters off Marstrand are crammed with white sails.

An schönen Sommertagen, mit genügend Wind, ist das Wasser vor Marstrand voll weißer Segel.

Till ön Tjörn tar man sig via den imponerande bron från Stenungsund på fastlandet. Den nuvarande bron ersatte en tidigare som seglades ner av ett fartyg den 18 januari 1980 varvid åtta trafikanter omkom när de störtade ner i Askeröfjorden från den brutna brobanan. Den nya Tjörnbron är en teknikerbragd där den hänger i vajrar från 110 meter höga betongtorn som gjutits fast på hälleberget. I dag har bron fri segelhöjd på 45 meter och ett avancerat varningssystem mot påseglingsolyckor.

The island of Tjörn is reached by the impressive Tjörn Bridge soaring over Stenungsund on the mainland. The present bridge replaced the former one which was torn down by a ship 18 January 1980, resulting in eight motorists hurtling to their deaths in Askeröfjorden over the edge of the damaged bridge. The new Tjörn Bridge is an engineering feat, suspended as it is by cables attached to 110 metre-high concrete stanchions embedded in the rock-bed. The bridge has a sailing head room of 45 metres and incorporates a sophisticated warning system to prevent ships colliding with it.

Von Stenungsund, auf dem Festland, kommt man über die imponierende Tjörn-Brücke nach Tjörn. Die heutige Brücke ersetzt eine frühere, die am 18. Januar 1980 von einem Schiff angefahren wurde, wobei acht Menschen umkamen, die in den Askeröfjord stürzten. Die neue Tjörn-Brücke ist eine technische Heldentat. Sie hängt an Stahlseilen, die an einem 110 m hohen Betonturm befestigt sind, welcher auf dem Felsen errichtet wurde. Die neue Brücke hat eine befahrbare Höhe von 45 m und ein modernes Warnungssystem, um weitere Unglücke zu vermeiden.

■ *Stenungsund finns en betydande petrokemisk industri. I Uddevalla på den högra bilden har Volvo en av sina bilfabriker och staden är en av Västkustens viktigaste industriorter.*

The petro-chemical industry has an important centre at Stenungsund. The picture to the right shows Uddevalla where Volvo has its car factories. The town is one of the West Coast's more important industrial centres.

In Stenungsund gibt es eine bedeutende chemische Industrie. In Uddevalla, auf dem rechten Bild, hat Volvo eines seiner Autowerke. Uddevalla ist eine der wichtigsten Industriestädte an der West-küste.

I Mollösund kan man ännu någon säsong se spilad långa förvandlas till lutfisk på stora tork-ställningar. Men denna gamla konserverings-metod har sett sina bästa dagar och kommer att ersättas av frys-torkning.

At Möllesund it will still be possible for a season or two to see stock-fish being cured on frames and processed into a special kind of fish for the Christmas table. But the days of this old curing method are numbered and it will shortly be replaced by freeze-drying.

In Mollösund kann man in dieser Saison noch sehen, wie Leng-fisch zu Stockfisch verwandelt wird. Doch die Tage der Trocken-gestelle sind gezählt. Heute wird die Gefrier-trocken-Methode angewandt.

Spillånga som i förädlad form kallas lutfisk, det svenska julbordets traditionella fiskrätt, tas om hand i Mollösund av vana händer. Till höger en väl skyddad småbåtshamn i Mollösund. Den kärva uppmaningen på kyrkogårdsportalen återspeglar den stränga schartauanska trosuppfattningen.

Stock-fish, which when processed is called lutfisk and is traditional fare on Swedish Christmas tables, is dealt with in Mollösund by deft hands. On the right a well-sheltered harbour for pleasure boats in Mollösund. The stern admonition (BE MINDFUL OF DEATH) over the entrance to the churchyard reflects the strict religious doctrine observed at the turn of the 18th century by members of the Schartau sect.

Der Lengfisch wird in seiner veredelten Form Stockfisch genannt. Es ist in Schweden Tradition, daß er zu Weihnachten auf den Tisch kommt. In Mollösund nehmen sich geschickte Hände seiner an. Rechts, ein gutgeschützter Hafen für Freizeitboote in Mollösund. Der strenge Text am Kirchenportal (GEDENKE DES TODES) zeugt vom Glauben, den man früher hatte.

Lilla Kornö i fågelperspektiv ger en god bild av den bohuslänska skärgården med dess klippor, sund och vikar. Havet må storma i lovart, men ligger man i lä av urtidsklipporna är man trygg.

A bird's-eye view of Lilla Kornö provides a good picture of the Bohuslän archipelago with its rocks, channels and bays. The sea may rage to windward, but one is perfectly safe lying in the lee of these primitive rocks.

Lilla Kornö aus der Vogelperspektive gibt ein gutes Bild von den bohusländischen Schären. Mag das Meer auch stürmen. Im Lee der Urzeitklippen ist man geborgen.

Lysekil fick stadsprivi-
legier 1908 efter ett
halvt sekel som bety-
dande badort. Sten-
huggeri och fiske var
förr dominerande sys-
selsättningar. Nu finns
här konservindustri
och havsfiskelaborato-
rium och vid Brofjor-
den i närheten ligger
oljeraffinaderiet Scan-
raff. Kyrkan på bergets
topp är ett gott sjö-
märke.

Lysekil was granted its
municipal rights in
1908 after half a centu-
ry as an important re-
sort. Stone quarrying
and fishing were pre-
viously the main in-
dustries. Today there is
a food cannery and a
marine fisheries labora-
tory and in nearby
Brofjorden the Scanraff
oil refineries. The
church on the top of
the rock is a good land-
mark for seafarers.

Lysekil wurden 1908
die Stadtrechte verlie-
hen, nachdem es ein
halbes Jahrhundert
lang ein bedeutendes
Bad gewesen war. Die
Stein- und Fischerei-
Industrie waren früher
am wichtigsten. Jetzt
gibt es hier Konserven-
industrien, ein Meeres-
fischlaboratorium und
am Brofjord, in der
Nähe, die Ölraffinerie
„Scanraff". Die Kirche
auf der Spitze des Ber-
ges hilft dem Seemann
beim Steuern.

På den stora bilden en sällsynt kombination av gammalt och nytt under segel på Gullmarsfjorden. Över bebyggelsen i Lysekil till höger glittrar Saltö fjord. Under: Mäktiga bergsformationer dominerar fjordarnas stränder. Lägg märke till fritidsfiskaren som i vattenbrynet hittat ett perfekt ställe att kasta från.

The large picture illustrates a rare combination of old and new sailing vessels on Gullmarsfjorden. Saltö fiord glitters above the community of Lysekil to the right. Below: Imposing rock formations dominate the shores of the fiords. Notice the angler at the water's edge who has found a perfect spot from which to cast his line.

Auf dem großen Bild sieht man eine seltene Mischung von jung und alt unter Segeln auf dem Gullmars-Fjord. Über der Siedlung in Lysekil, rechts, glitzert der Saltö-Fjord. Unten: Mächtige Bergformationen überragen die Strände des Fjords. Sehen Sie sich den Sportangler an, der am Strand eine perfekte Stelle für seine Wurfangel gefunden hat.

Den hisnande vackra vägsträck-ningen söder om Hälleviksstrand på Orusts västsida.

The breathtakingly beautiful stretch of road south of Hälleviksstrand on the west side of Orust.

Die schöne Strecke südlich von Hälle-viksstrand an der Westseite der Insel Orust.

Gullholmen väster om Orust är Bohusläns äldsta fiskeläge med anor från 1200-talet.

Gullholmen to the west of Orust is the oldest fishing-village in Bohuslän with links going back to the 13th century.

Gullholmen westlich von Orust ist das älteste Fischerdorf in Bohuslän. Es hat Ahnen aus dem 13. Jh.

På Gullholmen har nyligen i ett av de gamla husen öppnats ett mycket intressant museum. Huset har tillhört en framgångsrik kustskepparfamilj och man visar bruksföremål, kläder och ting som den välbärgade familjen kunde unna sig efter framgångsrik fraktverksamhet till sjöss. Det unika hemmet har stått orört under årtionden och är mycket väl bevarat. När den sista ägarinnan Anna Andersson dog 1987 förvandlades hemmet genom donation till en stiftelse som nu vårdar och visar samlingarna. Hemmet på Gullholmen är en sevärdhet som ingen besökare på ön bör missa.

One of the old houses in Gullholmen has recently been converted into a very interesting museum. The house was formerly owned by a family which did well in the coastal shipping trade and the museum displays everyday utility goods, clothing and other things which made life pleasant and comfortable for the well-to-do family. The unique home has remained untouched for decades and is remarkably well-preserved. Following the death of the latest owner Anna Andersson in 1987, the home was converted by donation into a foundation which is now responsible for the care and display of the exhibits. Nobody who visits Gullholmen should miss visiting the museum.

Auf Gullholmen ist vor kurzem in einem der alten Häuser ein Museum eröffnet worden. Das Haus gehörte einer erfolgreichen Küstenschifferfamilie. Man zeigt Gebrauchsgegenstände, Kleider und Dinge, die die vermögene Familie sich nach erfolgreicher Frachtarbeit auf See leisten konnte. Das einzigartige Haus ist noch sehr gut erhalten. Es hat Jahrzehnte lang dort ungestört gestanden. Als die letzte Eigentümerin, Anna Andersson, 1987 starb, wurde das Haus durch eine Schenkung in eine Stiftung verwandelt, die jetzt das Haus wartet und die Sammlungen zeigt. Das Haus auf Gullholmen ist eine Sehenswürdigkeit, an der man nicht einfach vorbeigehen sollte.

Smögen är Bohusläns största fiskeläge med dagliga fisk- och räk-auktioner. Smögen är också en betydande bad- och turistort. Under högsäsongen ligger fritidsbåtarna tätt packade i den trånga hamnen.

Smögen is the biggest fishing-town in Bohus-län and has daily auctions of fish and prawns. Smögen is also an important seaside resort for tourists. At the height of the season pleasure boats are tightly packed in the crowded harbour.

Smögen ist das größte Fischerdorf von Bohuslän; mit täglichen Fisch- und Garnelen-auktionen. Es ist auch ein bedeutender Bade- und Touristenort. Während der Hochsaison liegen die Freizeit-boote dicht gedrängt in dem engen Hafen.

Den långa bryggan i Smögen är sommartid till trängsel fylld av promenerande, vid andra tider på året är den närmast öde.

Till höger: Sommarkväll i Fjällbacka. Alla båtplatser är upptagna och serveringarnas stolar har ockuperats av sommargästerna som njuter av solnedgången med den berömda bergväggen som bakgrund.

Till Fjällbacka brukade skådespelerskan Ingrid Bergman komma varje sommar för att koppla av på familjens egen ö, Dannholmen. Nu finns hennes porträtt i brons på en stensockel vid torget som också bär hennes namn.

In the summer the long jetty at Smögen is jammed with strollers; at other times of the year it is virtually deserted.

Right: A summer evening in Fjällbacka. All the berths are taken and the café chairs are occupied by visitors enjoying the sunset with the famous cliff in the background.

The late actress Ingrid Bergman used to visit Fjällbacka every year to relax on the family island of Dannholmen. There is now a bronze bust of her on a stone plinth in the square which is named after her.

Der lange Steg in Smögen wird zur Sommerzeit beherrscht vom Gedränge der Spaziergänger. Zu anderen Jahreszeiten liegt er fast öde.

Rechts: Sommerabend in Fjällbacka. Alle Bootplätze sind besetzt, und die Sommergäste sitzen vor den Restaurants, um den Sonnenuntergang, vor der berühmten Bergwand, zu genießen.

Nach Fjällbacka kam früher die Schauspielerin Ingrid Bergman jeden Sommer, um sich auf der eigenen Insel der Familie, Dannholmen, zu entspannen. Heute gibt es ihr Portrait in Bronze auf einem Steinsockel, der auch ihren Namen trägt.

Sveriges största skeppssättning efter Ales stenar i Skåne finns vid Blomsholms herrgård nära Strömstad. Den mäter 45 meter i längd, är 9 meter bred och har en stävsten som är 4,5 meter hög. Skeppssättningen är troligen från folkvandringstiden. Runt skeppet ligger ett tjugotal mindre gravhögar. I trakten finns också en stor domarring.

I Bohuslän finns omkring 1 200 kända hällristningar. En av de största är den vid Vitlycke i Tanum. Bilderna är 2 500—3 500 år gamla och föreställer bl a jakter, strider, skepp, boskap, danser och fruktbarhetsriter. Hällristningarna är Bohusläns kanske största sevärdhet och de besöks årligen av stora skaror intresserade.

Sweden's largest barrow after Ales Stenar is to be found on the Blomsholm estate near Strömstad. It is 45 metres long, 9 metres wide and has a 4.5 metre high stem-stone. The burial site presumably dates from the time of the general migration (völkerwanderung). Twenty-odd smaller burial mounds surround the barrow. There is also a large stone circle in the vicinity.

There are about 1,200 recorded rock-carvings in Bohuslän, one of the larger being at Vitlycke in Tanum. The figures are between 2,500 and 3,000 years old and depict among other things hunting, battle, ships, cattle, dancing and fertility rites. The rock-carvings are perhaps Bohuslän's principal sights and they attract large crowds of interested visitors every year.

Die größte schiffsförmige Steinsetzung Schwedens, nach „Ales stenar" in Schonen, ist beim Gut Blomsholm bei Strömstad. Sie ist 45 m lang, 9 m breit und am Bug steht ein 4,5 m hoher Stein. Die Steinsetzung stammt vermutlich aus der Zeit der Völkerwanderung. Rund um das Schiff liegen 20 kleinere Grabhügel.

In Bohuslän gibt es ca 1200 Felsbilder. Eins der größten ist das bei Vitlycke in Tanum. Die Bilder sind 2 500—3 500 Jahre alt und stellen u.a. Jagden, Kämpfe, Schiffe, Vieh, Tänze und Fruchtbarkeitsrituale dar. Die Felszeichnungen sind die vielleicht größten Sehenswürdigkeiten Bohusläns und werden jährlich von vielen Interessenten besucht.

Solnedgång vid Tanumstrand, ett nybyggt fritidsområde i norra Bohuslän.

Sunset at Tanumstrand, a new recreational area in north Bohuslän.

Sonnenuntergang bei Tanumstrand; ein neugebautes Freizeitgebiet im nördlichen Bohuslän.

En rev med en krossad blåmussla som bete och en vattenfylld spann. Mer behövs inte för att pojkarna på en Kosterbrygga ska få några småkrabbor.

Kosteröarna har en fast befolkning på 400 personer, tre fordon, Bohusläns artrikaste flora, inga ormar och ett härligt klimat. Till dessa västliga öar reser man med båt från norra hamnen i Strömstad.

A fishing-line with a bait of crushed mussel and a bucket of water, that's all the boys on the Koster jetty need to catch a few small crabs.

The Koster islands have 400 year-round residents, three vehicles, the richest flora in Bohuslän, no snakes and a glorious climate. The westerly islands are reached by boat from the north harbour in Strömstad.

Eine Schnur, eine zerkleinerte Muschel zum Locken, und ein Eimer voll Wasser. Mehr brauchen die Burschen nicht, um einige kleine Krabben zu fangen.

Die Kosterinseln haben 400 Einwohner, drei Fahrzeuge, die artenreichste Flora von Bohuslän, keine Schlangen und ein herrliches Klima. Zu diesen westlichen Inseln reist man mit dem Boot vom Nordhafen in Strömstad.

Kosterarkipelagen är Sveriges västligaste bebodda trakt med 1500 soltimmar under sommarhalvåret. Nord-Koster är till karaktären kärvare än Syd-Koster som är dubbelt så stor som den norra ön. Kosterfjorden, mellan öarna och fastlandet, är 265 meter djup och har en salthalt på mer än tre procent.

The Koster archipelago is Sweden's most westerly inhabited region and it enjoys 1,500 hours of sunshine in the summer season. North Koster is harsher than South Koster, which is twice as big as its northern neighbour. Kosterfjorden, running between the islands and the mainland, is 265 metres deep and has a salinity of three per cent.

Das Kosterachipel ist die am weitesten westwärts liegende, bewohnte Gegend Schwedens, mit 1500 Sonnenstunden während des Sommerhalbjahres. Nord-Koster hat einen rauheren Charakter als Süd-Koster, das doppelt so groß ist, als die nördliche Insel. Das Wasser zwischen den beiden Inseln und dem Festland ist 265 m tief, und hat einen Salzgehalt von mehr als drei Prozent.